中国儿童核心素养培养计划

U0358651

课后半小时

小学生
阶段阅读

文化基础　　自主发展　　社会参与

工程思维

实现想法的思维工具

030

课后半小时编辑组 ■ 编著

北京理工大学出版社
BEIJING INSTITUTE OF TECHNOLOGY PRESS

第 1 天 万能数学 〈数学思维〉
第 2 天 地理世界 〈观察能力 地理基础〉
第 3 天 物理现象 〈观察能力 物理基础〉
第 4 天 神奇生物 〈观察能力 生物基础〉
第 5 天 奇妙化学 〈理解能力 想象能力 化学基础〉

第 6 天 寻找科学 〈观察能力 探究能力〉
第 7 天 科学思维 〈逻辑推理〉
第 8 天 科学实践 〈探究能力 逻辑推理〉
第 9 天 科学成果 〈探究能力 批判思维〉
第 10 天 科学态度 〈批判思维〉

文化基础 ▶ 科学基础 ━━━ 科学精神 ━━━ 人文底蕴

核心素养之旅
Journey of Core Literacy

中国学生发展核心素养，指的是学生应具备的、能够适应终身发展和社会发展的必备品格和关键能力。简单来说，它是可以武装你的铠甲、是可以助力你成长的利器。有了它，再多的坎坷你都可以跨过，然后一路登上最高的山巅。怎么样，你准备好开启你的核心素养之旅了吗？

第 11 天 美丽中国 〈传承能力〉
第 12 天 中国历史 〈人文情怀 传承能力〉
第 13 天 中国文化 〈传承能力〉
第 14 天 连接世界 〈人文情怀 国际视野〉
第 15 天 多彩世界 〈国际视野〉

第 16 天 探秘大脑 〈反思能力〉
第 17 天 高效学习 〈自主能力 规划能力〉
学会学习 • 第 18 天 学会观察 〈观察能力 反思能力〉
第 19 天 学会应用 〈自主能力〉
第 20 天 机器学习 〈信息意识〉

自主发展

第 21 天 认识自己 〈抗挫折能力 自信感〉
健康生活 • 第 22 天 社会交往 〈社交能力 情商力〉

社会参与 ━━━ 责任担当 ━━━ 实践创新 ━━━ 总结复习

第 23 天 国防科技 〈民族自信〉
第 24 天 中国力量 〈民族自信〉
第 25 天 保护地球 〈责任感 反思能力 国际视野〉

第 26 天 生命密码 〈创新实践〉
第 27 天 生物技术 〈创新实践〉
第 28 天 世纪能源 〈创新实践〉
第 29 天 空天梦想 〈创新实践〉
第 ③⓪ 天 工程思维 • 创新实践

第 31 天 概念之书

中国儿童核心素养培养计划

课后半小时 小学生阶段阅读

文化基础 ✕ 自主发展 ✕ 社会参与

030

卷首

FINDING 发现生活

EXPLORATION 上下求索

COLUMN 青出于蓝

THINKING 行成于思

科学思考
——成为进阶的巨人

世界上什么力量最强？那就是科技。科技犹如一个巨人，力大无比，顶天立地，所向披靡。可是你知道吗？还有比科技更强大的东西，那就是科学思考。科学的思考能让你实现心中所想，再伟大的发明也要依靠科学的思考逐步实现。

和科技这个"巨人"打交道不是靠体力，而是靠智慧。巨人很喜欢善于思考的人，你尽可以天马行空地想，提出一种你认为合理的假设。接下来，你要开始证明这个假设，不管是通过实验，还是通过计算，只要你能证明自己是对的，巨人就无处可逃了。不过，要证明自己是对的并不容易，更别说人们总是在犯错了！如果犯了错，你也不用介意，巨人早已看过太多人犯的太多错误了，他不但不会笑话你，反而会被你的执着感动，故意露出个衣角给你，让你看看其他人曾经犯过的错误、做过的研究，帮你顺利找到他。

当你经历千辛万苦终于找到了巨人，也万万不能掉以轻心，因为现在的你和巨人还算不上是朋友，他会趁你不备再次跑掉，而且会藏得更深、更远、更高。那么，怎样才能和巨人成为朋友呢？进阶。你要牢牢抓住自己找到的线索，继续往深处研究，往远处研究，往高处研究，直到你的研究再登上一个阶梯，发现一个崭新的世界，你就能再次抓到巨人。进阶后的巨人会对你多出一丝敬佩，并在心里把你归为科学家。巨人最喜欢和科学家做朋友，心情好的时候，还会让科学家站到他的肩膀上，就像牛顿说的那样。

阶梯是无止境的，巨人会不断地进阶，把游戏难度不断地提高。对于我们这些后来者来说，和巨人做朋友似乎相当困难。不过别着急，告诉你一个秘密，只要善于科学地思考，你就会不断进阶，直到自己也成为一个"巨人"。而科学的思考可是有诀窍的，打开这本书，学会科学地思考，让自己进阶成"巨人"吧!

陈宇

北京邮电大学信息与通信工程学院硕士生导师

如何寻找身边的答案

撰文：禾月

生活中有很多我们司空见惯的现象都蕴藏着有趣的科学原理，比如水果放时间长了为什么会腐烂呢？酸奶过期了为什么会变质呢？

通过前几周的学习，你可能已经知道是细菌让食物腐烂变质，不过你有没有想过，为什么面包放久了会发霉，但是咸菜罐里的咸菜却能吃很久？

难道细菌只喜欢吃甜食，不喜欢吃盐？

用调查实验 5 步法试试

撰文：硫克
美术：王婉静、张秀雯等

科学观察可不止用眼睛看就够了，还要思考、记录观察结果并得出观察结论，这样才是有意义、有始有终的观察。还记得第二周学过的"调查实验 5 步法"吗？这不仅是调查实验的科学方法，同时也是观察思考的科学方法。

那么，为什么一定要春天播种呢？种子喜欢什么样的温度条件呢？

别问了，快行动起来吧！

敲黑板

调查实验 5 步法：1. 观察；2. 提问；3. 假设；4. 实验；5. 结论

第一步：选容易发芽的种子来做实验。

第二步：把种子分成两组，实验组和对照组，然后分别用浸湿的纱布把它们包起来。

3 天后……

种子发芽的观察实验让我们更好地实践了"调查实验 5 步法"。接下来你可以自己设计一个实验，调查一下为什么蛋糕容易发霉，但是咸菜就能放很久。

别忘了这个发了霉的蛋糕，咱们要观察什么来着？

为什么蛋糕容易发霉，但是咸菜不会？难不成细菌更喜欢吃甜食？

回答这个问题非常简单！你来设计一个实验吧！

在这里写下你的实验方案吧！

要记得按时观察并记录实验结果哦！

实验结果表明，细菌更喜欢（　　）。

你的假设到底对不对呢？自己动手验证一下吧！

数学是好用的思维工具

撰文：豆豆菲　　美术：Studio Yufo

　　除了观察，将观察到的现象进行准确的记录，对科学思维来说也十分重要，因为这些信息可以帮助你进行分析，作出科学判断。那么，怎样才能准确地对我们的观察进行记录和分析呢？别忘了课本里的老朋友——数学统计和概率中的图表，它们可是信息记录和分析的绝佳工具。

　　这几位朋友个个身怀绝技，能帮你迅速理清思路，发现想要的信息。

折线统计图　调查问卷　条形统计图　骰子　扇形统计图

概率

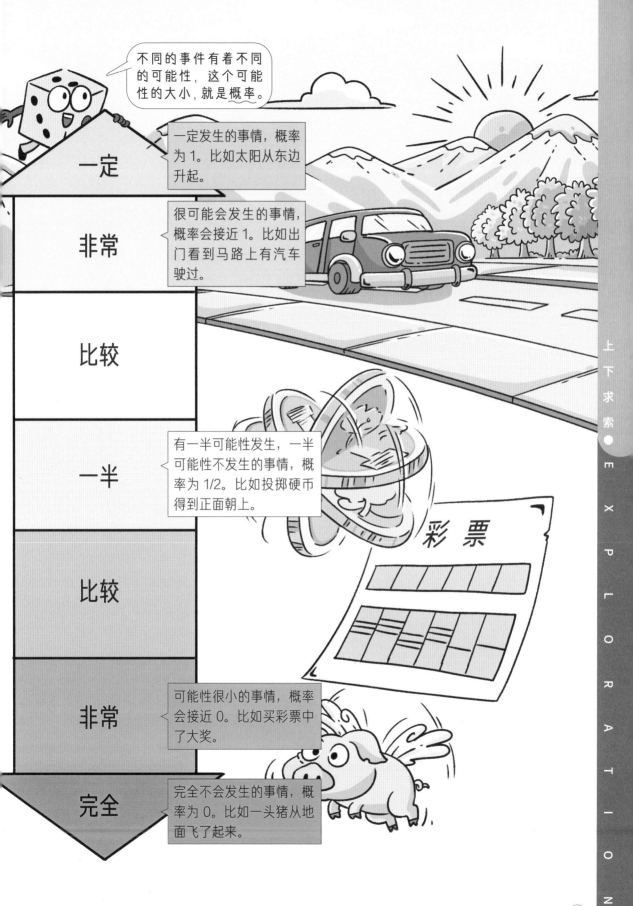

不同的事件有着不同的可能性，这个可能性的大小，就是概率。

一定 — 一定发生的事情，概率为 1。比如太阳从东边升起。

非常 — 很可能会发生的事情，概率会接近 1。比如出门看到马路上有汽车驶过。

比较

一半 — 有一半可能性发生，一半可能性不发生的事情，概率为 1/2。比如投掷硬币得到正面朝上。

比较

非常 — 可能性很小的事情，概率会接近 0。比如买彩票中了大奖。

完全 — 完全不会发生的事情，概率为 0。比如一头猪从地面飞了起来。

彩票

上下求索 ● EXPLORATION

平均数和中位数

除了概率，还有另外一组好用的数据可以帮我们做简单的预测。

根据平均数的计算方法，算一算这两组队员的体重平均数，预测一下哪一队能赢。

平均数通常可以作为一组数值的代表，但有的时候也有意外。

这是一组社区居民养猫数量的统计数据。这组数值的平均数是2.5，但实际情况是六户人家中只有一户养猫的数量超过了2.5，其余五家都比2.5小，2.5并不能代表这条街道的养猫情况！

数据中碰到了一个远大于其他数值的"极端值"！在求平均数时，如果碰上"极端值"，也会对平均数的值带来较大影响。

数值按照从小到大或从大到小的顺序排好，位于最中间位置的数叫作中位数；当这组数据的个数为偶数时，最中间的两个数据的平均值是中位数；当个数为奇数时，最中间的那个数就是中位数。

在这组数据中，1和2位于最中间，我们把它们求平均，就得到了中位数1.5。

因为刚好位于中间，所以这组数据中一定有一半的数据比中位数大，一半比中位数小，因此中位数也很有代表性。

在收集到一组数据时，我们需要先对数据进行初步的观察和分析，然后选择合适的"代表"来计算。

条形统计图

数学工具不仅可以让你作出准确的预测，还能让你作出更好的决定。这就要用到统计图表了。

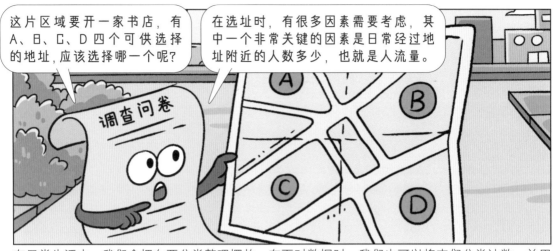

在日常生活中，我们会把东西分类整理摆放，在面对数据时，我们也可以将它们分类计数，并用条形统计图表示出来。

厉害的工程学思维

撰文：禾月

当你学会科学地观察，掌握简单的数学工具时，你就已经能够为很多事情做规划了。可是，想要让你想做的事情完美落地，还少不了厉害的工程学思维。它能帮助你用简单的几个步骤一步一步实现你的设想。小创客们，工程学思维学起来，还有一个艰巨的任务等着你完成呢！

工程学思维 8 步法

第一步：明确定义问题!

首先要搞清楚你想解决什么问题。如果问题太复杂，把大问题拆成几个小问题会是不错的选择。

第二步：头脑风暴。

开动大脑，在你的脑内刮起一阵风暴,尽可能多想几个解决方案，你也可以多拉几个人进来一起想。

第四步：设计。

尽情发挥你的想象力，直到找到令你满意的设计方案，有些可能要画出图纸。至于能不能实施，你多尝试几次就知道了。

第三步：选择最佳策略!

从头脑风暴中的各个方案中选择最合适的那个，每个方案都和其他方案好好对比一番,列出优缺点。

第五步：实施。

把你的设计方案按照蓝图一一实践，比如要买什么材料，要邀请什么人，要花多少钱，要实施多久，都要靠你用行动证明方案是不是可行。

第六步：测试。

这一步非常重要! 测试能对成果进行检测，看哪里还有不完善的地方，然后有针对地进行修改。参与测试的人越多，能发现的问题就越多。

第八步：分享成果。

恭喜你完成了自己的计划。分享你的实践心得可以让你更好地了解自己，也可以用经验帮助他人。

第七步：修改。

发现问题及时修改调整，别忘了修改完再测试一遍。如果没有新的问题，就可以进入第八步了。

怎么样？你学会了吗？接下来有个任务要交给你：建造一座外星人公寓，这可是一个大工程！不过不用担心，有很多超级工程朋友会和你一起合作完成。

建造外星人公寓

撰文：硫克
美术：王婉静 吴帆等

先看看我的方案吧！

我的设想 ｜ 理由阐述

项目	我的设想	理由阐述
宾馆名称	外星人之家	
地址	中国贵州省	外星人住在我家附近，可以随时与自己的母星联络，这很重要！！！
服务对象	太阳系内的外星人	其他星系距离地球太远，居民来地球的可能性较小。
建造风格	科幻未来风	①符合地球人对于"宇宙""外星人"等关键词的联想。②设计上更加简洁大方，符合现代人审美。
关键词	宾至如归	给客人"家"的感觉。
交流	自动配备外星语–地球语翻译AI	保障及时交流。
服务	大量精通外星语的地球服务人员	及时满足客人需求，维持宾馆清洁。
关怀	全息宇宙投影窗，根据需要投影客人的母星	缓解外星人的思乡之情。

名字起得不错！

"宾至如归"的理念真好呀！

让地球人去服务外星人，会不会有纠纷或者危险？

有必要做全息投影窗吗？感觉有点浪费，不实用……

贵州全是山地，让大家怎么去啊……

倒是挺浪漫的！

基础设施是不是少了点？

16

17

嘿，轮到我啦！

我的设想 ｜ 理由阐述

项目	我的设想	理由阐述
宾馆名称	地和宾馆	
地址	大气层外的近地轨道中	坐落于宇宙中，便于为星际旅行者们提供便利。
服务对象	全宇宙的外星人	我们没有理由低估外星人的科技水平，任何星球的外星人都有可能到地球或地球周边旅行。
建造风格	机械科技空间站	跟我的风格很像，很好看呀！
关键词	私人订制	因人制宜，准备多个方案，为不同外星人提供个性化服务。
进食	地球食物自助吧	各地地球食物荟萃，供客人自行选择。
排泄	太空特制马桶及回收装置	可回收的排泄物一律回收再利用，既环保，又节约资源；无法回收的排泄物统一收集为垃圾，定期投放至大气层燃烧销毁。
睡眠	可调节睡眠舱	不同星球环境不同，从温度、湿度、气压、重力等多个方面让客人自行调节最适应的环境，轻松入睡。
交通	定期从地球发射飞船	从地面发射时带走一批结束旅行的外星客人，返回地球时，将外星客人一同带到地面。

在太空中建造宾馆，预算太高，以目前的科技水平也无法建造太大……

从衣食住行四个方面分别设置了对应的功能，感觉很可靠！

宾馆名称是不是夹带私货了？

何止……到处都是私货……

虽然看起来就像又建造了一座空间站……

但不得不说，这些设备都很科学！

真不愿意面对外星人的吃喝拉撒……

19

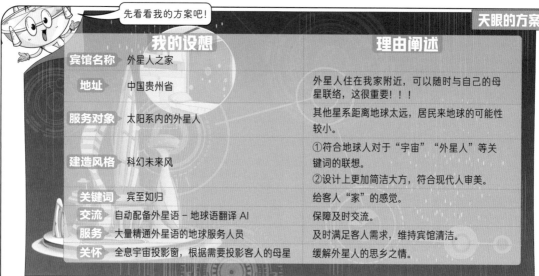

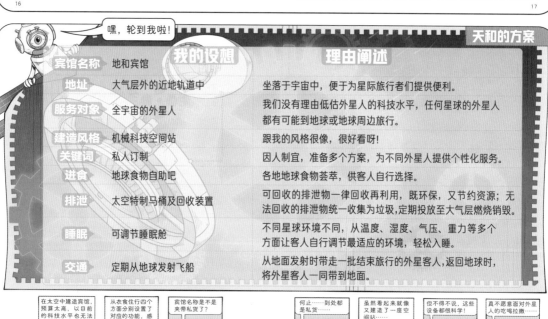

实干派来了,效率第一,闪开,都闪开!

按照目前的科技水平来说,这算是一个小目标。

我的设想		理由阐述
宾馆名称	高效之家	
地址	中国内蒙古自治区卫星发射中心周边	无论是来到地球,还是到宇宙中去,无须多远就能到达"火箭站"!
服务对象	银河系的外星人	按照目前的科技水平来说,这算是一个小目标。
建造风格	流线型仿宇航器风	①客人看到自己熟悉的建筑外形,会瞬间感到亲切。②流线型更符合"高效之家"的定位,更具速度感。
关键词	效率至上,安全第一	外星人远道而来,在地球旅行自然要注重效率,多看几个景点、多去一些城市是普遍需求,本旅馆恰是为此而建的。
出行	建造周边高铁站,铺设以此地为中心的铁路网络	方便外星人到各地游览,提高旅行效率。
充能	各种形式的能量补充点,包括但不限于进食、加油、充电、睡眠……	暂不清楚外星人的充能方式,只能做多方面准备。
安全	无死角监控设备	保障没有可疑生命体进入宾馆。

一边靠近卫星发射中心,一边又靠近高铁站,这宾馆的噪声应该会很严重吧?

这名字听起来一点都不舒服!

感觉入住这里的外星人都十分赶时间……

宇航器的外形很酷!

对于旅行者来说,出行便利确实很必要。

保障外星人的安全是一方面,是不是也要保障地球人的安全呢?

无死角监控是不是侵犯隐私了?

啊!我梦中的亚特兰蒂斯!

我的设想		理由阐述
宾馆名称	亚特兰蒂斯	
地址	浅海海底	浅海动植物种类丰富,景色美丽。
服务对象	全宇宙的外星人	未来,依靠虫洞"折叠"宇宙进行旅行将成为可能,星际旅行会很方便!
建造风格	漂浮泡泡风	海洋中到处都是泡泡,所以泡泡建筑在这里也毫不违和,并且因为与场景完美融合,更显浪漫。
关键词	浪漫	浪漫是全宇宙通用法则!
安全	抗高压透明材料建成	①海下的水压很大,所以必须保证泡泡房间的坚固。②全透明的结构保证了客人可以随时随地享受海底美景。
隐私	高密度遮光帘	在进行私人活动时,客人可以用遮光帘把房间遮挡起来,保护隐私。
游览	每个泡泡房间配备独立引擎	这些房间并非固定不动,客人可以根据需要,把房间变成潜水器,在海洋中畅游。鉴于地球的海洋是连通的,客人实际上可以畅游地球。
新鲜	每天一次空气置换服务	定期更换泡泡房间中的空气,维持干净整洁,没有异味。

啊,这……

哇! 这份方案是怎么回事?是谁放错了吗?

和我的方案有像啊,只是太空和海底的区别。

看着挺不错,外星人想不想去我不知道,我倒是挺想去体验一番的。

功能方面意外地符合实际! 吃喝拉撒怎么解决?

你来了?大家已经结束头脑风暴了,这里有几个现成的方案,你评估一下吧!

建造外星人公寓 选择最佳策略

撰文：硫克　　美术：王婉静 吴帆等

上下求索 ● EXPLORATION

高铁、桥大师、天眼、基因、银杏种子、特高压等都来了，正在火热地讨论方案的可行性，每个人都想发表意见，你想不想加入大家的讨论呢？

你们到底有没有听我说话啊……

为什么没有一个人考虑预算？

算了算了，大家都没有做过预算，对预算没有概念很正常，不如先考虑其他方向。

对！我们先从现有的方案中选一个吧！

接下来就是工程思维第三步——选择最佳策略！

这一步很简单，就是从头脑风暴中的各个方案中选择最合适的那个！

这些方案全都有亮点，但也都有考虑不周的地方……根本没法选啊！

要不然……我们合并一下？分别摘取亮点做一套综合方案？

各项内容都比较合理，这套方案看起来考虑得挺周全。

可不是嘛，连收入也有了，最终方案直接胜出！

看起来，咱们把工程思维第四步的设计也考虑到了！

确实，建筑风格也很明确了。不过……

严格来说……

还需要一张更具体的设计图纸！

成本还没……

建造外星人公寓

撰文：硫克　　美术：王婉静 吴帆等

设计和建造

方案确定了，桥大师
自告奋勇设计图纸，
经过几天的绘制……

建造外星人公寓 测试

撰文：硫克　　　美术：王婉静 吴帆等

上下求索 ● EXPLORATION

测试是要检查我们目前的方案有没有什么问题，所以测试的人越多，能看到的问题就会更多、更全。

公寓建好了，接下来要进入测试的环节，为此，项目组成员又临时组成测试组，开始了第一轮内测。

所以我们找来了一个测试队伍！

又见面啦！

哎呀，测试多累呀，不仅要对各种功能进行深度体验，还要写长长的测试报告……

你完全可以作为第一位正式入住的客人，只体验，不测试！

对呀！我怎么没想到呢！

就这么定了！

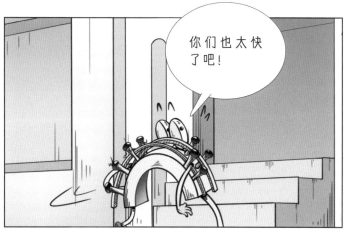

外星人公寓项目组请来了各位工程伙伴来入住建造好的公寓，大家的体验如何呢？

测试第一天

外星人之家 测试结果

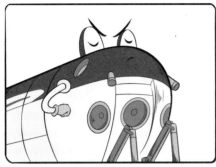

入住人 ▶ 深海勇士号

入驻体验 ▶ ★☆☆☆☆

投诉建议 ▶ 客房内部设施需防水、抗压。

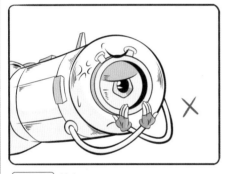

入住人 ▶ 神舟

入驻体验 ▶ ☆☆☆☆☆

投诉建议 ▶ 对侵犯隐私行为零容忍。

入住人 ▶ 基因博士

入驻体验 ▶ ★★★★★

投诉建议 ▶ 很好。

入住人 ▶ 脉冲星

入驻体验 ▶ ★☆☆☆☆

投诉建议 ▶ 如果客房内部设施无法适应真空环境，就把地球服设计得再舒适点！

入住人 ▶ 电流

入驻体验 ▶ ★★★☆☆

投诉建议 ▶ 都挺好的，就是在宾馆的时候有点无聊……

入住人 ▶ 红豆杉种子

入驻体验 ▶ ★★☆☆☆

投诉建议 ▶ 能不能把房间再建大一点……

建造外星人公寓 修改

撰文：硫克　　　美术：王婉静 吴帆等

这么多问题？我住得挺好的呀。

有问题不要怕，正好让我们进入工程学思维第七步——修改。

就是根据测试结果，对有问题的部分进行修改。

我看看……嗯……都好解决。

交给我吧！

奋斗

修改方案

① 客房内部设施改装防水涂层。

② 客房内部设施采用更抗压的材料制作。

③ 改进地球服设计，以舒适为主要改进方向。

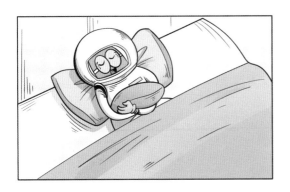

④ 撤掉所有私人空间的摄像头，仅保留公共区域监控。

④ 增加部分娱乐设施。

⑤ 将客房按照小、中、大三种型号改建，以配合不同客人需求。

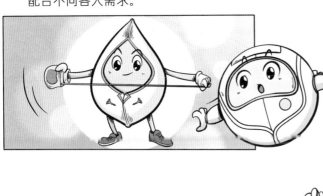

外星人之家剪彩仪式

撰文：硫克　美术：王婉静 吴

工程学思维可以解决生活中的小事吗？

答 工程学思维是好用的思维工具，在很多项目的实施过程中都可以使用，即使是办生日聚会，做旅行计划，甚至炒一道菜。比如你打算为家人炒一道西红柿炒鸡蛋，怎样炒才能好吃又符合家人口味呢？第一步，明确定义问题，你要做全家人都爱吃的西红柿炒鸡蛋。第二步，头脑风暴，想想爸爸妈妈爷爷奶奶分别喜欢什么口味？爸爸不喜欢吃酸，奶奶不吃甜，妈妈不喜欢重油重盐，爷爷喜欢吃鸡蛋。第三步，选择最佳策略，少放西红柿，多放鸡蛋，不放糖，少放油和盐。第四步，设计，西红柿用 2 个，鸡蛋放 3 个，盐 1 小勺，油 1 勺。第五步，实施，西红柿剥皮切块，鸡蛋打散，起锅烧油，菜炒起来。第六步，测试，菜出锅了，味淡不淡，鸡蛋有没有炒糊？第七步，趁还没开饭，赶紧改正不够好的地方。第八步，全家落座，共同品尝你的西红柿炒鸡蛋，获得全家好评，任务成功！

张新生
中国铁路工程总公司教授级、高级工程师

老师总说我们对生活的观察不够，我们应该怎样观察呢？

答 观察看似简单，其实观察不仅要用眼看，还要用大脑思考，要带着目的去观察。第一，要明确你为什么要观察，是要写一篇作文，还是要做一个实验，还是要欣赏美景？第二，要确定你的观察对象，比如，你是要观察一个静物，一个人，一种食物，还是一种现象，一个过程？第三，把注意力聚焦到某个细节上，比如一个人的表情是什么样的? 天上的云朵形状有什么变化? 种子有没有发芽? 第四,使用正确的观察工具。比如,观察远处的景物可能要用到望远镜,观察细微的事物会用到放大镜甚至是显微镜,观察日食甚至要用到墨镜。第五,做观察的时间规划。有些转瞬的现象要集中注意力观察,迅速拍照或者录像捕捉,有些需要多日连续观察的,要做好每日观察笔记。上面的方法可以让你有目标、有秩序地观察,能收获更好的观察效果。养成用心观察的好习惯,不仅能让你发现很多有意思的现象,增加生活的趣味,还能让你对这个世界有更多的理解。

汪诘

科普作家,文津图书奖获奖作者,著有《时间的形状:相对论史话》

平均数和中位数有什么区别呢? 怎么使用呢?

答 平均数是反映一组数据的一般水平,比如,一班的学生平均身高是 146cm,二班的平均身高是 150cm,平均身高是用各个班里每个同学的身高数值相加,再除以班级人数得出来的。不过一班同学的身高中位数是 147,二班同学的身高中位数是 145。为什么明明二班的同学平均身高更高,一班的同学中间值身高却更高呢? 这是因为二班有一位大高个,足足有 160cm 高,大大拉高了二班的身高平均值,但其实大多数同学的身高并不高。所以单从平均数来看,并不能对两个班的身高数据有足够的认识,结合中位数,我们能看到更多数据背后的故事。除了平均数、中位数,在统计学中还有众数、方差、标准差等看数据的不同维度,帮助人们看到更全面的数据背后的事实。所以,学好数学,一定程度上也是掌握了更多的真理。

庄丽

中国人民大学附属中学数学教师

01 在观察种子发芽的实验中，种子的数量是（　）。

　　A. 常量

　　B. 变量

六年级　科学

02 在观察种子发芽实验中，种子的大小是（　）。

　　A. 常量

　　B. 变量

六年级　科学

03 在观察种子发芽实验中，环境温度是（　）。

　　A. 常量

　　B. 变量

六年级　科学

04 如果让你观察细菌喜欢吃盐还是吃甜，你会选择哪些实验材料？　（　）

　　A. 一块蛋糕，一碟咸菜

　　B. 一块臭豆腐，一块豆腐乳

　　C. 一碗放了 3g 盐的咸豆花，一碗放了 3g 白砂糖的甜豆花

　　D. 一块巧克力，一包薯片

六年级　科学

05 下列有关平均数的说法，正确的是（　）。

　　A. 平均数是偶数

　　B. 平均数是奇数

　　C. 平均数是整数

　　D. 平均数是反映一组数据平均水平的一个量

五年级　数学

06 小明所在组的同学体重最轻的 31 千克，最重的 40 千克，他们这个组的同学的平均体重可能是（ ）。

A.41 千克

B.30 千克

C.35 千克

07 "北京朝阳区明天白天的降水概率为 75%"，这句话的含义是（ ）。

A. 明天一定下雨

B. 明天不可能下雨

C. 明天下雨的可能性很小

D. 明天下雨的可能性较大

08 已知一组数据 3，3，4，6，7，8，10，其中 6 是这组数的（ ）。

A. 平均数

B. 中位数

C. 既是中位数又是平均数

09 要了解山东省各个城市接种新冠疫苗的具体人数，应制作（ ）。

A. 条形统计图

B. 扇形统计图

C. 折线统计图

10 工程思维八步法正确的顺序是（ ）。

A. 明确定义，头脑风暴，选择最佳策略，设计，实施，测试，修改，分享成果

B. 明确定义，头脑风暴，选择最佳策略，设计，实施，分享成果，测试，修改

C. 头脑风暴，明确定义，选择最佳策略，设计，实施，分享成果，测试，修改

D. 头脑风暴，明确定义，选择最佳策略，设计，实施，测试，修改，分享成果

名词索引

头脑风暴答案

1	A	6	C
2	A	7	D
3	B	8	B
4	C	9	A
5	D	10	A

致谢

《课后半小时 中国儿童核心素养培养计划》是一套由北京理工大学出版社童书中心课后半小时编辑组编著，全面对标中国学生发展核心素养要求的系列科普丛书，这套丛书的出版离不开内容创作者的支持，感谢米莱知识宇宙的授权。

本册《工程思维 实现想法的思维工具》内容汇编自以下出版作品：

[1]《这就是生物：上天入海寻踪生命》，北京理工大学出版社，2022 年出版。

[2]《这就是生物：身边的生物调查实验》，北京理工大学出版社，2022 年出版。

[3]《这就是数学：统计与概率》，北京理工大学出版社，2023 年出版。

[4]《超级工程驾到：建造外星人宾馆——工程学思维》，北京理工大学出版社，2022 年出版。

图书在版编目（CIP）数据

课后半小时 : 中国儿童核心素养培养计划 : 共31册/

课后半小时编辑组编著. –– 北京 : 北京理工大学出版社, 2023.5

ISBN 978-7-5763-1906-4

Ⅰ.①课… Ⅱ.①课… Ⅲ.①科学知识—儿童读物

Ⅳ.①Z228.1

中国版本图书馆CIP数据核字(2022)第233813号

出版发行 / 北京理工大学出版社有限责任公司

社　　　址 / 北京市海淀区中关村南大街5号

邮　　　编 / 100081

电　　　话 / （010）82563891（童书出版中心）

网　　　址 / http://www.bitpress.com.cn

经　　　销 / 全国各地新华书店

印　　　刷 / 雅迪云印（天津）科技有限公司

开　　　本 / 787毫米×1092毫米　1 / 16

印　　　张 / 83.5

字　　　数 / 2480千字　　　　　　　　　　　　责任编辑 / 王玲玲

版　　　次 / 2023年5月第1版　2023年5月第1次印刷　文案编辑 / 王玲玲

审　图　号 / GS（2020）4919号　　　　　　　　责任校对 / 刘亚男

定　　　价 / 898.00元（全31册）　　　　　　　责任印制 / 王美丽